L_n^{27} 18048.

I0080724

L'AMIRAL ROUSSIN.

DISCOURS

PRONONCÉ

DANS LA SÉANCE PUBLIQUE DE L'ACADÉMIE DE DIJON

le 12 août 1854,

en présence du Congrès Scientifique de France,

PAR M. ROSSIGNOL.

Antiquâ homo virtute et fide.

Térence.

DIJON

LAMARCHE ET DROUELLE, LIBRAIRES

place Saint-Étienne.

1854

In 18048

L'AMIRAL ROUSSIN.

DISCOURS

PRONONCÉ DANS LA SÉANCE PUBLIQUE DE L'ACADÉMIE DE DIJON

LE 12 AOUT 1854,

en présence du Congrès Scientifique de France,

PAR M. ROSSIGNOL.

MESSIEURS,

Je viens remplir un pieux devoir envers un de nos plus éminents collègues; vous parler d'un homme qui eut son berceau à quelques pas de cette enceinte; qui fut, dans une plus haute acception du mot, votre compatriote : il habitait des régions intellectuelles qui vous sont connues; son esprit était aussi grand que son cœur.

Dans l'homme complet, à côté du savant qui médite il y a l'homme d'action, celui qui met la science au service de la vie, et l'homme d'honneur, qui immortalise l'homme d'action. L'amiral Roussin était plus qu'un membre d'Académie; il a combattu pour la France dans toutes les mers ; il l'a représentée dans notre Occident, en Amérique, à Constantinople ; il a été appelé au conseil des rois, et, ce qui est plus rare, il y a gardé toute sa taille.

Avec l'enthousiasme du beau moral et des grandes actions, qui trop souvent exaltent, l'amiral eut une simplicité antique ; il y avait en lui une des plus belles figures de la galerie de Plutarque.

Cependant, Messieurs, l'Académie vous parlera de l'amiral Roussin sans autre interprète qu'un de ses membres les moins éloquents ; elle a pensé que certaines statues pouvaient se passer de piédestal, et qu'un homme vraiment grand n'a pas de plus bel éloge que le simple récit de sa vie.

Albin-Reine Roussin naquit à Dijon, le 21 avril 1781, dans une modeste maison, hier inconnue, mais qu'un marbre commémoratif va signaler à la postérité.

La fortune, qui voulait montrer en lui l'homme dans toute sa grandeur, le fit naître sans appui et au milieu des secousses qui allaient engloutir l'ancien monde. Quand la Révolution éclata, le fils d'Edme Roussin venait d'atteindre sa huitième année : il savait à peine lire et écrire. L'orage le surprit sur les genoux de sa mère, trop jeune pour avoir eu le temps d'amasser le trésor qui tient lieu de fortune ; et son père allait être jeté dans des cachots d'où l'on ne sortait guère que pour porter sa tête sur l'échafaud.

Jean Bart et Duguay-Trouin, Messieurs, étaient nés

sur les bords de l'Océan ; ils en avaient contemplé les grands spectacles ; ils avaient vu qu'il était le chemin de la fortune et de la gloire : la mer était leur patrie. Mais l'enfant de la Bourgogne ne connaissait de l'Océan que le récit de ses tempêtes ; c'était la dernière pensée à laquelle il devait s'arrêter ; mais son pays allait se mesurer avec l'Angleterre sur le plus terrible des éléments; et le père du jeune Albin allait être condamné à mourir : c'était l'heure des grandes pensées et des résolutions sublimes.

Un jour, c'était en 1793, pendant que sa mère (1), agenouillée près de son foyer, demandait à Dieu de sauver le père de ses enfants, le jeune Roussin sortit ; il alla se présenter aux juges de son père : « Les enfants ne sont pas soldats, leur dit-il ; mais je puis faire un mousse. Je me donne à la marine française, si vous voulez délivrer mon père. »

Les entrailles des proconsuls furent émues ; l'héroïque enfant ramena son père dans sa famille.

Les juges n'avaient eu qu'une générosité banale : les prisons s'ouvrirent; mais Albin resta chargé de sa dette. Au mois de décembre de cette même année, quand la neige couvrait nos montagnes, que les vents d'hiver soulevaient les flots de la Manche, le jeune Roussin prit un livre pieux ; il s'arracha des bras de ses parents, et partit pour Dunkerque. Quelques jours après, on jeta le mousse sur une batterie flottante (2).

---

(1) Sa mère était Mlle Jeanne-Marie-Hélène Masson, femme d'un grand mérite, morte quelques mois avant son fils, âgée de près de cent ans.

(2) Elle était appelée *La République*.

L'amour du devoir, le pénible labeur, l'intrépidité marquèrent ses premiers pas. En 1796, le mousse était devenu matelot. Sa frégate, qui faisait partie de l'escadre destinée à l'expédition d'Irlande, fut forcée de lever l'ancre et de partir sans attendre son canot envoyé à terre pour le service. Quand Roussin, qui en était le patron, aperçut au loin sa chère frégate, s'éloignant à toutes voiles, son visage devint de feu, et son cœur battit comme au sentiment d'une honte. Il s'élance sur les flots, avec son frêle esquif, à la poursuite de sa frégate ; il fait d'incroyables efforts pour l'atteindre ; l'honneur multiplie ses forces ; les yeux tendus vers le pavillon français qui s'envole, il s'engage dans l'Iroise, malgré ses périls, et la rame au poing..... Après une lutte de vingt heures, le *Trajan* le recueillit ; l'intrépide jeune homme put entendre le canon gronder sur les côtes d'Irlande (1).

L'esprit à qui la bride est laissée un peu flottante a le temps de relever un peu la tête et de s'échapper à ses vocations naturelles. Cette libre éducation est peut-être celle qui a fourni de tout temps aux sciences et aux lettres les hommes les plus distingués ; Roussin le prouverait une fois de plus. En 1799, après six ans de travaux, le matelot dijonnais obtint un congé. Il avait vu les périls et senti toute l'amertume de sa carrière ; il savait surtout que, sans la science, l'homme est un vais-

(1) Le bruit du canon le tenait en éveil. Il porte bientôt son bagage sur le lougre la *Fouine*, et participe au glorieux combat qu'il soutint, le 15 prairial an v (15 juillet 1797), contre un corsaire de Guernesey, armé de seize canons de 6, lorsqu'il n'en avait, lui, que six de 4.

seau sans voile, qui n'avance pas, ou qui se brise au premier écueil.

Roussin profita des loisirs que sa courte liberté lui faisait, pour appareiller à son profit et conquérir la science. On trouble ses méditations dans sa famille ; il prend ses livres et ses compas, et court, à l'autre bout de la France, se cacher dans une rue de Dunkerque.

Quelques mois après, on apprit qu'il avait remporté, dans un brillant concours, le premier grade d'officier dans la marine militaire.

On ne laissa pas au jeune marin le temps de continuer ses études scientifiques ; il fut aussitôt embarqué ; il passa sur différents navires (1) ; il fit avec l'un d'eux l'expédition de la Martinique ; mais il brûlait de voir l'ennemi dans toute sa puissance. En 1802, la *Sémillante* l'emporta dans les Indes, où il partagea les brillants faits d'armes de la marine française. A quoi bon décrire les cinq grands combats de cette frégate ? le *Moniteur* les raconte (2) ; Roussin s'y battit comme un lion ; mais sa gloire y fut trop partagée : il faut le voir dirigeant lui-même une expédition.

Distinguez-vous, Messieurs, sur la côte de Sumatra, cette barque qui se détache de la *Sémillante ?* Elle ne porte que vingt-deux hommes ; mais avec Roussin qui les commande ils vont faire des prodiges. La barque s'avance hardiment. Elle s'avance encore ; la

(1) Sur la canonnière le *Mars ;* sur le *Mentor*, autre canonnière, qu'il garda pendant la première année de la paix d'Amiens, et sur la corvette la *Torche*.
(2) Voir les Pièces justificatives.

voilà dans la baie de Puloo, en face d'un établissement anglais, sous le feu des ennemis.....

Roussin profite du trouble que causent son audace et la vue de la *Sémillante*, dont les màts se balançaient devant le port; il fond sur les neuf bâtiments qui s'y trouvent : il en brûle deux de vingt-huit canons, prend les sept autres, et revient triomphant sur la *Sémillante* jouir du spectacle de l'incendie.

Roussin fut nommé lieutenant de vaisseau et passa sur la corvette l'*Iéna*, dont le nom glorieux venait d'apprendre aux Français de l'Asie qu'ils avaient en Europe d'illustres rivaux, et que Napoléon était à Berlin.

Toutes les pages de notre histoire sont éclatantes à cette époque; permettez-moi, Messieurs, de vous parler d'une défaite. La nuit du 28 octobre 1808, la petite corvette l'*Iéna* rencontra une frégate anglaise (1) redoutable par le nombre de ses hommes et de ses canons. Au lieu de reculer, l'*Iéna* s'avance à portée de mousquet et accepte le combat. Il est terrible; chaque bordée que lance la frégate anglaise enlève quelque chose à la corvette. L'*Iéna* a ses voiles en lambeaux et n'amène point. Ses flancs sont déchirés, ses màts rompus; elle répond par un feu plus vif. Il y avait deux heures que durait ce duel inégal; il y avait deux heures que les quarante canons anglais grondaient; la petite corvette, mutilée, entr'ouverte, faisant eau de toutes parts, ne baissa son pavillon qu'au moment de disparaître... Le capitaine était Morice, mais son bras droit c'était Roussin.

Ces hommes, qui n'avaient reculé que devant les

(1) La *Modeste*.

gouffres béants, avaient inspiré à leurs vainqueurs une respectueuse admiration; Calcutta publia leur valeur et logea ces vaincus comme des triomphateurs, dans le palais du Gouvernement.

Cependant, Messieurs, Roussin se crut humilié; la liberté lui était à peine rendue qu'il fit taire quatre-vingt-seize canons tournés contre sa seule frégate, — qu'il obligea mille Anglais à se rendre (1), — que la *Minerve* qu'il montait (2), accompagnée de la *Bellone*, devant l'Ile-de-France, résista pendant cinq jours à quatre vaisseaux, brava tous leurs feux et finit par les éteindre. Deux des frégates qui avaient osé l'attaquer restèrent en son pouvoir; les deux autres disparurent dans une entière destruction (3).

L'île fut alors bloquée. Roussin quitta sa frégate devenue inutile, s'enferma dans un fort (4), s'y défendit avec vigueur et le garda jusqu'à l'honorable capitulation du 11 octobre 1810. Un millier de matelots et de soldats, animés par Roussin, traita sur le pied d'égalité avec une armée de plus de 20,000 hommes ayant cent vaisseaux et plus de dix mille bouches à feu.

En donnant à Roussin la croix de la Légion-d'Honneur et le grade de capitaine de frégate, Napoléon dit en présence de ses généraux : « Messieurs, je désire qu'il ait de nombreux imitateurs! »

---

(1) Ils montaient trois vaisseaux de la Compagnie des Indes : le *Ceylan*, le *Windham* et l'*Astell*, armés chacun de trente-deux canons.

(2) Il s'y embarqua, le 11 janvier 1810, en qualité de second.

(3) Ces quatre frégates anglaises étaient : le *Syrius*, la *Magicienne*, la *Néréide* et l'*Iphigénie*. — Après le combat, on donna au capitaine Roussin la *Néréide*, dont il fit le réarmement.

(4) Le fort Blanc.

Quand d'un mot l'empereur glorifiait un homme, c'était une couronne qu'il lui mettait sur le front; vous verrez, Messieurs, comment Roussin sut la porter. Quelques jours après, le Havre était bloqué (1812). A l'horizon, les Anglais ramassaient des forces, et leur armée navale stationnait devant l'île d'Ouessant. Au second plan se trouvait la croisière de Cherbourg avec ses huit navires. A une portée de canon se montrait une frégate ennemie de quarante-six avec une corvette de vingt-huit; enfin un brick de seize venait, le soir, jeter l'ancre devant le port, quand le vent en favorisait la sortie. C'était une barrière de vingt lieues placée devant celle que la nature offrait; car, pour sortir du Havre, il n'y avait alors que trois jours de la pleine lune et de la nouvelle; l'eau manquait le reste du temps. Quiconque tentait une sortie était arrêté au passage ou foudroyé par la croisière; les matelots, toute la population découragée regardaient le passage comme infranchissable.

Roussin arrive; il attache au mât d'une frégate ces mots en lettres d'or : LA GLOIRE ET L'HONNEUR. Trente vigoureux matelots accourent à ce signe; l'équipage se complète avec des conscrits; enfin, le 16 décembre, à l'entrée d'une belle nuit, Roussin lève l'ancre et passe mèche allumée dans les redoutables croisières. Quand le soleil se leva, la frégate la *Gloire* voguait à pleines voiles dans les eaux de l'Océan.

Le hardi capitaine se montra fièrement sur les côtes de Cornwall (1), aux bouches du Tage où nous le retrou-

---

(1) Un journal anglais, *the Times*, du 28 décembre 1812, dit : « Le *Spy* est arrivé hier. Il était parti avec une flotte de quatorze voiles; mais ayant rencontré la frégate française la *Gloire*, celle-ci l'a capturé

verons un jour, devant les Canaries, à Madère, vers la Barbade, se multipliant, coupant les communications du
Portugal avec l'Angleterre, arrêtant ses vaisseaux venant des Antilles, luttant contre le calme, se jouant des
tempêtes, bondissant sur les flots au milieu de ses ennemis, les harcelant, les trompant par d'habiles manœuvres ou les écartant à coups de canon. Dans cette course
de soixante-treize jours, Roussin se fit craindre et respecter partout. Quand la *Gloire* rentra dans la rade de
Brest, elle déposa sur le rivage trois cent quatre-vingt-
seize prisonniers; et l'on calcula qu'elle avait fait à nos
ennemis une perte de plus de cinq millions. Cette frégate
avait été digne du nom qu'elle portait.

MESSIEURS,

Dans la vie des nations il apparaît quelquefois des
hommes prodigieux qui conçoivent et exécutent de vastes
desseins. Leur puissance est si haute, leurs actions sont
si retentissantes, que ces hommes attirent tous les re-
gards; ce sont des soleils qui éclipsent tout, hors leurs
propres satellites. Le passé et l'avenir, deux siècles

---

et renvoyé avec son équipage de trente-six hommes et soixante inva-
lides, en échange d'un pareil nombre de prisonniers. Nous craignons
fort que la *Gloire* n'aille renforcer la marine américaine, et ne dé-
barque des officiers d'artillerie et de génie. »

étaient soulevés l'un contre l'autre ; Napoléon parut et s'assit sur un trône au milieu d'eux. Pendant ces grands débats, qui eurent pour principal théâtre l'Europe continentale, qui éclatèrent avec tant de violence des Pyramides à la Moscowa, les mers n'avaient pas de vagues assez bruyantes pour être entendues. Les plus beaux faits d'armes de la marine française se perdaient par-delà l'horizon, ou ne venaient jusqu'à nous que tardivement ou affaiblis, comme les flots des tempêtes lointaines qui s'abaissent en approchant du rivage et meurent sur la grève.

Cependant, Messieurs, vous le voyez, loin des grands théâtres des guerres de l'Empire, Roussin ne fut pas éclipsé ; il prit racine et grandit dans ses gloires. Quand l'Empire tomba, Roussin, qui n'avait que trente-trois ans, comptait parmi ses illustrations.

Du jour mémorable où il ouvrit, enfant, le cachot de son père, jusqu'en 1814, où nous le trouvons capitaine de vaisseau, tous les degrés de l'échelle sont marqués par des stations glorieuses. La période que nous venons de parcourir n'est que l'introduction de sa vie. Vous n'avez guère vu que l'officier de marine sans peur ; dans la période qui s'ouvre vous verrez l'homme sous toutes ses faces.

A d'autres le soin de recueillir et de grouper arbitrairement les faits pour en grossir la valeur ; ceux de la vie que nous racontons sont de nature à rester à leur place naturelle, sans cadre et sans échafaudage.

Roussin était un des officiers qui montrèrent le plus de chagrin de la chute de Napoléon et des humiliations de la France ; il fut compris dans la proscription qui frappa, au début de la Restauration, de nombreux officiers de marine (1).

Roussin avait été calomnié; la jalousie et la haine, qui l'accompagne toujours, avaient profité des événements pour souiller ses vingt années de glorieux travaux. La fierté du Bourguignon se révolta; écoutez, Messieurs, son étonnante justification devant le ministre de la marine; je cite textuellement :

« Dans ces temps malheureux, Monseigneur, la vie la « plus pure peut être calomniée; j'en suis la preuve. « Mais la calomnie est sans succès quand elle attaque « un homme d'honneur; je ne crains rien d'elle, si vous « daignez m'entendre..... »

Vous croyez sans doute que Roussin va parler de lui, abjurer, s'isoler des proscrits; il va où personne ne l'attend.

« Monsieur le Ministre, continue-t-il, la proscrip- « tion dont le contre-amiral Cosmao est aujourd'hui « frappé serait à mes yeux une raison sacrée de ne « point séparer mon nom du sien, s'ils s'étaient jamais « rencontrés; mais la vérité ne me permet point de « m'enorgueillir d'une chose qui n'est pas. Je ne connais « de cet officier-général que sa belle réputation mili- « taire; je n'ai jamais eu l'honneur de servir sous « ses ordres, et je dois le regretter; car j'aurais profité « de nobles exemples....

« J'ignore ce dont on m'accuse; j'attends, pour ré- « pondre, qu'on veuille bien s'exprimer en termes pré- « cis. Mais, qu'on le sache bien, dans tous les moments

(1) Voir le baron Portal.

« de ma vie, j'ai le bonheur de pouvoir me glorifier de
« mes paroles et de mes actions....

« Je n'ai jamais cessé de me montrer digne de la con-
« fiance dont mes camarades m'avaient revêtu.... Je ne
« leur ai fait faire aucune démarche qu'ils pussent me
« reprocher.... Ce soin que l'honneur me commandait
« ne me paraît pas le moindre de mes devoirs : c'est celui
« dont je me glorifie le plus....

« Qu'on cite de moi un mot qui ait besoin de la moin-
« dre apologie. Il n'est ame vivante qui le puisse; je
« défie qui que ce soit de m'accuser en me regardant en
« face.... Les devoirs, Monseigneur, restent immobiles,
« quand tout le reste change.... (1) »

Avez-vous vu souvent, Messieurs, des hommes de
cette trempe? Roussin confond sa cause avec la cause
des proscrits; il craint qu'en oubliant les vaincus son
silence ne ressemble à de la perfidie : il n'a pas d'autre
peur. Au lieu de séparer, par une prudence vulgaire, son
nom du leur, il regrette de n'avoir pu profiter de leurs
nobles exemples! Au lieu de taire les traditions de l'Empire, dont la chute l'écrase, il parle de la puissance qu'a-
vaient sur lui vingt années de souvenirs et de dévoue-
ments! Cette fierté de langage va jusqu'à l'imprudence :
le capitaine de vaisseau continue de faire feu malgré
l'Europe.

A cette audacieuse éloquence joignez l'autorité d'une
figure calme et majestueuse; vous comprendrez l'effet

---

(1) Ce document, non plus qu'aucun de ceux dont on s'est servi dans
cette Notice, ne m'a été communiqué par la famille de l'amiral; c'est
une découverte personnelle. Au reste, s'il m'avait été donné de parcourir le *Journal* de notre illustre compatriote, j'aurais eu vingt fois
plus de matière que mon cadre ne pouvait en contenir.

que Roussin produisit sur le ministre. J'en trouve l'expression dans le *post-scriptum* d'une lettre à sa mère : « Je fus appelé au ministère, dit-il avec une simplicité « antique ; j'en sortis en voyant le ministre pleurer. »

Le mot vaut la chose ; il honore deux hommes, celui qui l'entendit autant que celui qui le prononça : la France retrouva le fils qu'elle avait perdu. Il rentra la tête haute, et par une victoire qu'envient les plus grands orateurs : *le ministre pleura !* (1)

Roussin, qui avait vécu dans la guerre et grandi par elle, Roussin devait, ce semble, pâlir dans la paix ; vous allez voir.

Le dernier coup de canon était à peine tiré, qu'il reçut une mission scientifique. Le naufrage de la *Méduse* demandait la rectification de l'écueil d'Arguin sur les cartes de la marine ; il en fut chargé (2). Mais Roussin ne se contenta pas de planter un jalon sur un point devenu trop fameux ; les instruments de mathématiques et d'astronomie dans les mains, il explora plus de cinq cents lieues des côtes occidentales de l'Afrique, et termina par cette étude l'hydrographie de ces contrées brûlantes.

Roussin était sorti de l'épreuve des sciences comme il était sorti de celle des combats ; ce succès lui valut aussitôt une mission semblable : on le chargea d'étudier le littoral du Nouveau-Monde.

Roussin partit pour l'Amérique : « Chaque jour, —

(1) Le ministre était M. Dubouchage. Quelques temps après, en 1815, Roussin épousa Mlle Virginie Huchet de Pentigny, en qui il avait trouvé la distinction de son esprit et son cœur.

(2) Il montait la *Bayadère*. A la suite de cette expédition, il fut nommé officier de la Légion-d'Honneur.

me disait hier un soldat qui l'a vu à l'œuvre et qui est peut-être parmi vous en ce moment, — chaque jour le capitaine s'embarquait dans son canot avec ses instruments pour relever des points de la côte. Il ne confiait à personne ce travail dangereux. » J'ai transcrit les paroles du témoin ; votre étonnement demandait des preuves justificatives, vivantes et désintéressées.

Votre savant collègue, Messieurs, continua ses pénibles et scrupuleuses études pendant deux années entières et sur plus de neuf cents lieues des côtes orientales de l'Amérique du Sud. Avec la constance et la fidélité que l'homme de mérite met à tout, il composa le magnifique atlas connu dans la science hydrographique sous le nom modeste de *Pilote du Brésil*. La France conféra à l'auteur de ces grands travaux le titre de baron (1), et l'Amérique les insignes de Grand-Officier du Cruzero.

En 1821, sa réputation de savant infatigable était établie et si universelle, qu'elle servit à masquer une mission diplomatique. La France, oubliée au-delà des mers, ne peut-elle pas y relever son pavillon ? Il fallait un prétexte pour aller en Amérique étudier la situation et conférer avec Bolivar (2). Ici, Messieurs, Roussin nous échappe ; mais si nous ne pouvons percer le voile de la diplomatie, les formes extérieures de la mission nous restent ; Roussin en prit au sérieux les apparences scientifiques ; la sonde et l'astrolabe du savant interrogèrent tour à tour les eaux et le ciel, et enrichirent les cartons

(1) La France lui donna encore un nouveau témoignage de confiance. Sur la proposition du baron Portal, alors ministre de la marine, Roussin, capitaine de vaisseau, fut chargé, par lettres closes, du commandement des forces navales dans les mers du Sud.
(2) Voir les Mémoires du baron Portal.

de la marine de documents précieux : l'illusion fut complète, parce que le capitaine ne jouait pas.

Cependant il eut un jour l'incroyable idée de jouer avec la sentinelle qui l'observait. Il y avait devant Rio-Janeiro une frégate anglaise, fine voilière, à qui son commandant ne connaissait pas de rivales. — Pas même en France ? répliqua Roussin. — Un moment après, les deux frégates couraient ensemble, en pleine mer, sous tous les angles, avec toutes les manœuvres.... Des barres de la frégate française se brisent dans la lutte ; on les répare. Elles se brisent encore ; le mât de hune est abattu ; les matelots font d'impuissants efforts pour le relever ; la France périclite... « Allons donc, enfants, s'écrie Roussin, l'Anglais vous regarde ! » — Tout est réparé, l'*Amazone* française file avec la rapidité du vent, et garde l'avantage. Cette petite guerre durait depuis près de huit jours. Les deux rivales se rejoignirent enfin, et partirent ensemble pour rentrer dans la rade ; mais, dit un témoin, Roussin prit encore les devants ; il arriva au but, jeta l'ancre, serra ses voiles, dressa ses vergues, para ses manœuvres ; puis il monta dans sa hunette et chercha vainement son insolente rivale dans les profondeurs de l'horizon.

J'ai presque honte, Messieurs, de vous arrêter, dans une vie si pleine, en présence d'un fait si mince ; mais n'oubliez pas que c'est une grande chose de nourrir dans le cœur des soldats le sentiment de l'honneur national. Un capitaine doit toujours essayer ses armes et ses hommes, autrement l'ame se rouille comme l'épée qu'on ne tire pas. Roussin aussi était sûr de l'une comme de l'autre : « Il nous eût demandé l'impossible, dit ingénument un de ses vieux soldats après vingt-cinq

ans de retraite, il nous eût demandé l'impossible, que l'impossible eût été fait » (1).

Le capitaine s'était mis d'un coup au niveau de l'homme d'Etat; il fut nommé contre-amiral, et bientôt chargé d'interventions armées.

En France, le droit maritime ne reconnaît que le blocus *réel*. En 1825, l'empereur du Brésil, se contentant, au lieu d'un blocus, d'une fiction diplomatique, avait interrompu les relations commerciales et capturé sept bâtiments français. Les négociations échouèrent; il fallut recourir aux armes.

Roussin arrive avec son escadre (2) en vue de Rio-Janeiro, se met en ligne de bataille, entre sans balancer dans la rade, en ordonnant le branle-bas, et menace la ville de ses canons. L'on s'agite, on se trouble, on demande à parlementer. Roussin repousse tout intermédiaire; il veut conférer directement avec l'empereur. L'empereur lui ouvre ses portes; le soir même la réparation est arrêtée, l'ancien droit reconnu. Quelques jours après, don Pédro, avec toute sa cour, était sur le *Jean-Bart*, pressant la main de notre compatriote qui avait vaincu, — vaincu les ennemis du droit et de la France, et, ce qui était plus difficile, vaincu le désir si naturel chez les Français de triompher les armes à la main (3).

---

(1) Voir les Pièces justificatives.
(2) Elle était composée des frégates le *Jean-Bart*, la *Terpsychore*, la *Nymphe* et l'*Aréthuse*; des corvettes l'*Isis* et la *Railleuse*, et des bricks-avisos l'*Iris* et le *Cygne*.
(3) Voir les Pièces justificatives.

Les choses se passèrent autrement devant Lisbonne.

Des Français avaient reçu dans cette ville de graves injures. Roussin arbore son pavillon sur le *Suffren,* sort de Brest avec une escadre et va demander réparation au Portugal. C'était en 1831.

Don Miguel avait fait de grands préparatifs de défense. La côte était hérissée de forts ; une armée échelonnée en camps volants roulait sur la rive droite, en vue de notre escadre, ses flots et ses canons ; deux citadelles puissantes fermaient l'entrée du Tage ; la batterie rasante du fort Bélem devait tout balayer ; neuf bâtiments de guerre, embossés dans le fleuve, s'enchaînaient et en coupaient le passage ; enfin trois cents bouches à feu, et derrière, une population de 200,000 ames : telle était la barrière du Tage qu'aucune flotte ennemie n'avait jamais passée, que l'Europe regardait comme inexpugnable et derrière laquelle se reposait le Portugal.

Roussin arrive ; il mesure d'un regard les tours, la citadelle, les forts, les vaisseaux, le fleuve, l'armée, la capitale et.....

Que pensez-vous, Messieurs, que Roussin va faire? Il écrit au ministre portugais (1) :

« Monsieur le Vicomte, j'entrerai dans le fleuve. Vous
« en doutez peut-être ; mais votre Excellence ne saurait
« nier que le succès de cette tentative ne soit au moins
« possible ; je le prouverai.....

« J'ai cru que la démarche que je fais en vous offrant
« le moyen de garantir Lisbonne du danger qui la me-
« nace (dût ma démarche échouer) nous honorerait

(1) Le vicomte de Santarem.

« tous deux ; car la confiance qu'elle suppose ne marche
« qu'avec l'estime. »

Tout fut inutile.

Le lendemain, à dix heures, Roussin *signale* à son escadre l'ordre de bataille (1) ; il visite toutes les batteries ;
cette voix qui *dominait les tempêtes*, dit un soldat, élec-
trise tous les hommes. Roussin n'est pas encore rentré
sous son pavillon que les vaisseaux de tête s'ébranlent ;
le *Suffren* se précipite, toute l'escadre s'agite et marche
sous les boulets ennemis. Roussin se tait ; il marche pendant dix minutes en silence. Il se fait alors chef de file,
aborde le fort Bélem ; il l'attaque par une vive canon-
nade et lui fait amener son pavillon. Les vaisseaux portugais, embossés dans la largeur du fleuve, grondent plus
fort ; Roussin leur répond ; toutes ses syllabes sont ac-
centuées et portent. Il fond enfin sur cette chaîne qui
lui barre le passage ; il la rompt. A cinq heures du soir,
après deux mille coups de canons tirés sur lui, Roussin
balance tranquillement ses mâts sous les murs de Lisbonne (2).

« Vous voyez si je tiens mes promesses, écrit Roussin
« au Vicomte. Je vous ai fait pressentir que je force-
« rais les passes du Tage ; me voici devant Lisbonne ;
« tous vos forts sont derrière moi : je n'ai plus en face
« que le palais du Gouvernement.....

---

(1) Son escadre se composait des vaisseaux suivants : le *Suffren*, portant le pavillon du contre-amiral commandant en chef ; le *Trident*, le
Marengo, l'*Algésiras*, la *Ville-de-Marseille* et l'*Alger* ; des trois frégates
la *Melpomène*, la *Pallas*, la *Didon* ; des deux corvettes l'*Eglé* et la
Perle ; enfin, des deux bricks l'*Endymion* et le *Dragon*.

(2) Voir quelques détails de ce beau fait d'armes dans le *Livre des
Célébrités contemporaines de toutes les nations*, tome II.

« La France, toujours généreuse, vous offre les mêmes
« conditions qu'avant la victoire..... »

A dix heures, on avait promis tout ce que la France
demandait; mais, le 13, de l'hésitation se manifeste :
« Vous me poussez à bout, écrivit alors le contre-amiral.
« J'ai l'honneur de vous prévenir que cela ne vous réus-
« sira pas..... Si demain, à dix heures, je n'ai pas ter-
« miné les conventions dont vous avez accepté les bases,
« je reprendrai les hostilités.

« J'attends votre Excellence, ou la personne qu'elle
« désignera, aujourd'hui ou demain jusqu'à midi. Je la
« recevrai à mon bord, et pas ailleurs. »

Le lendemain, tout fut terminé; les prisons s'ouvrirent, les juges furent révoqués, des indemnités distri-
buées à toutes les victimes, et 800,000 francs donnés à la
France pour les frais de la guerre. Le chef de la station anglaise, témoin de cette action, aborda Roussin en pronon-
çant le nom de Nelson, le héros de la marine britannique.
On demanda à Horace Vernet de consacrer une de ses
grandes pages au souvenir de cette expédition; enfin,
pour perpétuer dans la marine des traditions dignes
d'un grand peuple, le roi voulut qu'un vaisseau de premier ordre portât le nom du *Tage*, et que Roussin siégeât
parmi les pairs de France (1).

Cette vie, déjà si belle, n'est pas encore terminée ;
Roussin grandit toujours. L'Europe se trouvait dans une

(1) Il rentra en France le 4 septembre, deux mois dix-neuf jours après
son départ. Il rentra dans la rade de Brest avec sa division et *ses prises*,
l'escadre portugaise. Voir une brochure de Roussin sur cette expédition, et l'*Histoire de Dix ans*, de M. Louis Blanc, qui la cite. Voir
aussi le *Livre des Célébrités contemporaines*, tome II, où se trouvent de
curieux documents.

situation qui a plus d'un rapport avec celle d'aujourd'hui : l'Orient était en feu ; le pacha d'Egypte marchait de victoire en victoire ; il avait détruit l'armée turque, et il menaçait le Grand Seigneur jusque dans sa capitale.

D'un autre côté, le Russe descendait du Nord, en apparence pour concilier les puissances belligérantes, au fond pour prendre pied à Constantinople et s'y préparer un trône.

La France, tenue alors un peu à l'écart, pouvait-elle souffrir les dédains et les prétentions du Czar ? Lui laisser faire un pas en avant, c'était reculer et reconnaître sa juridiction. Quand la Russie fit marcher sa flotte, la France mit en avant un homme : Roussin partit pour Constantinople (1).

Il arrive à son poste le 17 février 1833. Les Egyptiens étaient à dix journées de Constantinople ; Ibrahim parlait de faire boire son cheval dans les eaux de Scutari ; la flotte russe approchait. Notre ambassadeur brusque une entrevue ; il pénètre dans le palais du Grand Turc, malgré les fêtes du baïram ; il fait admettre dans ces grands débats l'intervention de la France, et pose enfin, en présence de la flotte russe humiliée, les bases du traité qui rétablit l'équilibre européen.

Ce coup de maître dispense de rien ajouter ; il faut dire, cependant, que ce fut le vice-amiral Roussin qui signa la fameuse note commune du 27 juillet 1839. Elle assurait à la Porte le concours unanime des puissances pour maintenir l'intégrité de l'empire ottoman. La France la défend aujourd'hui par ses armes ; nos victoires de

---

(1) La *Galatée*, sur laquelle il s'embarqua, mit à la voile le 30 janvier 1833 ; elle arriva devant Constantinople le 17 février suivant.

demain seront donc la consécration des efforts de notre illustre compatriote (1).

Roussin revint en France en 1839. L'année suivante, il fut fait ministre de la marine (2), au milieu des plus graves préoccupations politiques. Ce serait le moment de rappeler les travaux administratifs du membre du Conseil de l'amirauté, la création des préfectures de marine, des équipages de ligne, du vaisseau-école, des volontaires de la marine, l'ordonnance sur le service de mer, toutes choses qu'on s'étonne de ne pas voir vigoureusement et depuis longtemps organisées. C'est sous le ministère de l'amiral Roussin que les cendres de Napoléon quittèrent Sainte-Hélène (3); c'est sous son ministère, enfin, que Paris devint la plus grande ville fortifiée du monde. « Il faut « fortifier Paris, s'écria Roussin dans le langage ferme, « net et précis de tous les grands politiques. Il faut for- « tifier Paris; c'est le centre politique, commercial et « stratégique de la France. Il faut fortifier Paris; c'est « faire un de ces actes de libre arbitre par lesquels se « constate la vie des peuples. Il faut fortifier Paris; nous

(1) Il nous est impossible de dire dans le peu d'espace qui nous est donné tout ce que fit notre ambassadeur pendant sa mission. Il eut assez d'influence sur le Divan et l'esprit du Grand Seigneur pour faire abolir tous les monopoles, pour ouvrir ainsi aux populations musulmanes toutes les sources de fortune, en favorisant le commerce, l'agriculture et l'industrie dans tout l'empire ottoman. C'est à lui que les différents ordres religieux durent de pouvoir recouvrer leurs temples, etc. Il rendit aussi de grands services au commerce.

(2) Février 1840, 1er mars 1840 et 7 février 1843. Bientôt, ne se sentant plus la force de remplir sérieusement ses fonctions, il se retira le 25 juillet suivant, malgré les instances du roi, emportant dans sa retraite les regrets et la reconnaissance de la marine et de son pays.

(3) 1840.

« avons appris par nos discussions que la France est
« menacée au cœur. Il faut fortifier Paris, parce que
« nous n'avons pas l'isolement géographique de nos
« voisins. L'un d'eux a la mer pour rempart ; un autre
« est à l'abri de son climat.... »

Roussin, brisé par tant de travaux, mais conservant,
on le voit, toute sa force intellectuelle, rentra dans la
vie privée (1), et mourut au mois de février dernier. Le
mousse de 1793 avait sur son cercueil le bâton de maréchal de France (2).

Le duc de Saint-Simon disait que notre Vauban était
l'homme le plus honnête, le plus modeste et le plus ver-
tueux de son siècle. C'est un portrait de famille. Roussin
était le frère de Vauban : comme lui, Bourguignon, intrépide, savant, penseur, bienfaisant, d'une vertu et
d'une simplicité antiques, modeste, sans ambition.....
Je me trompe, Messieurs, heureusement pour nous.
Devenu ambassadeur, ministre, maréchal de France, au
suprême degré Roussin eut une ambition, la seule qu'il
ait jamais manifestée, celle d'être membre de l'Académie de Dijon, sa ville natale. Peu d'aigles en mourant

---

(1) Il fut élevé à la dignité d'amiral le 29 octobre 1840. Le rapport
qui précède l'ordonnance est du mois de février. Roussin ministre
n'avait pas voulu se mêler d'un acte qui le regardait personnellement.

(2) Il est mort le 21 février 1854, dans sa soixante-treizième année,
à Paris, rue Basse-du-Rempart, 52, quelques mois après sa vénérable
mère. Il laisse deux filles et un fils, lieutenant de vaisseau, qui a fait
ses premières armes au combat de Saint-Jean-d'Ulloa, où il s'est dis-
tingué ; il marche sur les traces de son père. Le frère de l'amiral est
contrôleur de la marine. C'est un administrateur habile et digne du
nom qu'il porte.

cherchent leur point de départ; plusieurs en rougissent. A la fin de sa brillante carrière, quand cet homme illustre vint déposer devant vous, Messieurs, ses grands travaux scientifiques et toute sa vie, il fit un acte de piété filiale. Comme à soixante-dix ans il trouvait du bonheur à s'agenouiller à côté de sa vénérable mère, près de ses concitoyens, dans la petite église d'Arc-sur-Tille ; en venant frapper aux portes de l'Académie, Roussin satisfaisait un besoin de son cœur. Vous étiez les représentants de son pays, vous étiez sa famille; en vous appelant ses collègues, il ressentait une joie qui ne peut être comparée qu'à sa modestie.

Quand la nature ramasse toutes ses forces un jour et sur un point, il n'est homme qui ne puisse être grand une fois dans sa vie ; l'orgueil peut faire par exception l'office de la vertu. Mais les hommes dont la simplicité et les grandes actions sont l'habitude de la vie, qui la commencent, qui la mènent, qui la finissent de même, qui ne sautent pas à la grandeur, comme dit Pascal, pour retomber aussitôt, mais qui s'y fixent sans efforts comme sans orgueil, ces hommes, Messieurs, sont de trop belles exceptions dans l'humanité pour que nous n'ayons pas le droit d'en être fiers, pour que nous n'ayons pas le devoir de les donner comme des modèles à suivre (1). Avoir la patience dans les travaux, être généreux et dévoué, fils, père, époux comme nous devrions tous être, aimer sagement la gloire et passionnément l'honneur, dans une

---

(1) Le Conseil municipal de Dijon a fait placer à l'Hôtel-de-Ville, en 1851, le buste de l'amiral Roussin, exécuté par notre compatriote Jouffroy.

vie longue et périlleuse produire toujours des sentiments, des pensées, des actes que dicte le cœur, que la raison approuve, que tous admirent, ce n'est pas seulement être grand, Messieurs, c'est apprendre à l'être ; or, ce sont les grands hommes qui font la force des empires.

A une époque où la force des choses jugées était méconnue en philosophie, en politique, en religion ; quand toutes les bases sociales se renversaient ; habitué à rester debout, à commander au milieu des tempêtes, Roussin demeura inébranlable : son ame avait jeté l'ancre sur un fond trop solide pour être entraînée. Aussi, quand les souffrances l'avertirent de son heure suprême, cet homme, dont toute la vie avait été à la merci des flots, fidèle à Dieu, comme il avait été fidèle à la patrie, Roussin s'émut à peine ; son corps n'était plus qu'un navire brisé qu'il abandonnait pour arriver au port.

QUELQUES
PIÈCES JUSTIFICATIVES.

———◦◦◦———

I.

Maison où est né l'amiral.

La maison où est né l'amiral Roussin est située dans la rue de l'Ecole-de-Droit, n° 14.

Elle fut acquise, en 1778, par le père de l'amiral, procureur au Parlement de Dijon, de M. Anglart, auditeur à la *Chambre des Comptes*. Cette maison, selon les termes de l'acte de vente, que j'ai sous les yeux, touchait de *bize* à la Chambre des Comptes, et de levant au sieur *Poinsotte*.

Or, la maison portant aujourd'hui le n° 14 a pour voisins, à l'est, une maison vendue, le 18 janvier 1818, à M. Fouleux, chevalier de la Légion-d'Honneur, par M. Cavard, qui la tenait de M. Follot. L'acte notarié, rappelant les divers propriétaires de cet immeuble, remonte par la famille d'Huvée jusqu'à Antoinette *Poinsotte*.

D'un autre côté, la maison du n° 14 touche de *bize* ou nord les anciens bâtiments de la *Chambre des Comptes*, et elle se trouve dans l'ancienne rue Madeleine.

Enfin, entre l'état intérieur de cette maison ou sa distribution actuelle et celle donnée par l'acte de 1778, il n'y a aucune différence; tout y est dans l'état décrit par cet acte; on dirait qu'on a voulu tout y respecter.

Il est donc certain que c'est la maison achetée par le père de l'amiral Roussin. Mais est-ce là qu'il habitait? Le rôle des tailles de la ville de Dijon, qui donne le nom et la rue des imposés, place l'habitation de M. Roussin dans la rue Madeleine, et le registre des baptêmes et des mariages de la paroisse Saint-Médard, de laquelle faisait partie la rue Madeleine, dit qu'il fut baptisé dans l'église cathédrale, où saint Médard s'était réfugié après la destruction de son église, et où il avait un autel spécial.

L'Académie va faire incruster dans la façade de cette maison un marbre qui portera l'inscription suivante :

DANS CETTE MAISON

EST NÉ

L'AMIRAL ROUSSIN

LE 21 AVRIL 1781.

II.

Extrait du Livre des Célébrités contemporaines, *tome II*.

(ANNÉES 1804-1808.)

Les combats auxquels Roussin assista sur cette frégate sont au nombre de cinq, et méritent chacun une mention particulière. Les grandes actions de cette glorieuse époque sont tombées aujourd'hui dans le domaine de l'histoire, bien qu'il survive encore quelques acteurs et quelques témoins de ces batailles gigantesques. Il ne saurait y avoir trop d'occasions d'en retracer les glorieux récits.

Le premier combat eut lieu le 10 avril 1804, en division du contre-amiral Linois, contre le vaisseau anglais le *Centurion* et les forts de Vizigapatnam ; ce vaisseau se retira du combat, et fut se placer hors de boulets sous la protection de la côte. L'action fut meurtrière et dura trois heures.

Le second combat soutenu par la *Sémillante* seule contre la frégate anglaise le *Phaéton* et le brick le *Harrier,* eut lieu aux îles Philippines, le 3 août 1805, et dura trois heures et demie. L'ennemi perdit un grand nombre d'hommes et s'éloigna. On peut lire sur ce combat les détails consignés dans le *Publiciste* du 16 décembre 1806.

Le troisième fut livré par la *Sémillante* seule, le 23 novembre 1805, contre le vaisseau le *Spectre* et la frégate le *Cornwallis*, en rade de Saint-Paul (île Bourbon). L'ennemi, si supérieur en forces, fut obligé de se retirer sans avoir causé aucun dommage à la *Sémillante*.

Le quatrième s'engagea, dans la nuit du 25 au 26 novembre 1805, entre la *Sémillante* seule et la frégate anglaise la *Dédaigneuse*, dans le canal des îles de France et de Bourbon. Les deux frégates se séparèrent pour réparer leurs avaries et ne purent se rejoindre.

Le cinquième enfin, soutenu par la même frégate encore seule, dans la nuit du 15 au 16 mars 1808, sous l'île de Ceylan, contre la frégate anglaise la *Terpsychore*, fut des plus acharnés et dura trois heures. La frégate anglaise, extrêmement maltraitée, ne tirait plus et allait tomber au pouvoir de la *Sémillante*, quand un grain les sépara sans qu'elles pussent se rejoindre plus tard. Le capitaine de la *Terpsychore* déclara qu'il avait eu une explosion de poudre à bord qui lui avait mis un grand nombre d'hommes sur les cadres, et, à la suite de cet incident, la frégate allait succomber, quand survint une interruption causée par les blessures qu'avait reçues le capitaine de la *Sémillante*, et pendant laquelle les deux frégates furent séparées, ainsi qu'il vient d'être dit plus haut.

On peut consulter sur ces cinq combats le *Moniteur* de l'année 1809, qui en relate tous les détails.

III.

Fragment de lettre d'une femme qui habitait l'Ile-de-France, à la mère de Roussin, quelques semaines avant l'attaque.

Ile-de-France, 21 juillet 1810.

« ...... Je m'empresse donc de profiter de la seule occasion que nous aurons peut-être d'ici bien longtemps, pour vous dire que monsieur votre fils est en croisière, lieutenant en pied, sur la

frégate la *Minerve*, commandée par M. le capitaine de frégate
Bouvet, et partie en division avec la frégate la *Bellone* et la corvette le *Victor*, le 12 mars dernier.

« Nous sommes dans une cruelle position. Je ne puis vous
le cacher, les ennemis menacent de nous attaquer. Générale-
ment on ne croit pas que cela ait lieu ; mais on fait de grands
préparatifs pour leur opposer une résistance digne du général
qui nous commande, dont l'activité et la bravoure leur sont bien
connues. Je suis fermement persuadée que nous en serons quittes
pour la peur. Ainsi, Madame, ne vous alarmez point sur le sort
de votre fils, quoique vous n'en ayez point de nouvelles. Je sens
par moi-même la peine que vous devez avoir. J'ai aussi un fils,
Madame ; j'en suis, comme vous, séparée. Il est en France pour
son éducation. Si le Ciel exauçait mes vœux, il ressemblerait au
vôtre, et, si je le savais, je croirais qu'il est sur la terre un bonheur réel ; mais si les malheurs de la guerre m'en séparent pour
toujours, qui va guider les premiers pas de cet enfant dans le
chemin de la vie ?

« Vous êtes à l'abri de ces inquiétudes : le vôtre est dans le
chemin de l'honneur, ou plutôt l'honneur et toutes les vertus
sont dans son cœur. Il a profité de tous vos sages conseils, et le
Ciel vous dédommage de tous les chagrins que vous avez essuyés,
en transmettant à votre fils toutes les vertus dont il vous avait
douée. »

Signé : N.-F. CH.....

IV.

Récit abrégé de l'affaire relative à l'Ile-de-France.

(AOUT 1810.)

L'Ile-de-France, seule au milieu des nombreuses colonies de
l'Angleterre, était étroitement bloquée depuis plusieurs années
par des forces maritimes bien supérieures aux siennes, privée de
la majeure partie des secours que la France avait tenté de lui
envoyer.

L'île Bonaparte était prise.

Dans la nuit du 13 au 14 août, deux cent cinquante hommes débarqués des frégates en croisière attaquent l'îlot de la Passe à la faveur d'un orage et de l'obscurité profonde, et s'en rendent maîtres avant que la terre, informée de leur entreprise, puisse y faire passer les secours nécessaires pour résister à une force aussi supérieure.

La division de l'intrépide Duperré, sortie depuis plusieurs mois pour ravager le commerce ennemi dans l'Inde, devait rentrer d'un instant à l'autre.

Le 20 août, à huit heures et demie du soir, un courrier traverse la ville avec rapidité, descend au Gouvernement et annonce que les frégates la *Bellone* et la *Minerve*, la corvette le *Victor* et deux vaisseaux de compagnie capturés par elles étaient en vue dans le S.-E de l'île.

A ces nouvelles la joie la plus vive éclate.

Le capitaine Pym apprend que la division Duperré est entrée au Port-Impérial, et de suite l'avis en est donné à la *Magicienne* et à l'*Iphigénie*. Leur plan d'attaque est conçu à l'instant même. Le *Syrius* remonte vers le Port-Impérial, en passant sous le vent; les deux autres frégates s'élèvent par le vent pour atteindre le même point.

Le 22, le *Syrius* paraît et se joint à la *Néréide*. Ces deux frégates osent manifester l'intention d'attaquer seules la division de M. Duperré; mais le *Syrius* touche, et le projet d'attaque est remis au lendemain.

La division de la *Bellone*, par ordre de son chef, s'était embossée dans la position la plus favorable et avait fait toutes les dispositions nécessaires pour résister à l'attaque d'un ennemi supérieur en nombre, mais non pas en valeur.

Il n'est point d'expression pour peindre ce qu'a eu de grand et de terrible ce moment où, s'avançant sans voile et par la seule impulsion des vents sur leurs agrès, les quatre frégates ennemies, à bord desquelles régnait un silence imposant, venaient pour s'emparer d'une proie que semblait leur assurer l'inégalité du nombre. Tous les cœurs étaient resserrés, hormis ceux de nos braves marins; et, chose étrange! ceux-là seulement que menaçait le danger étaient tranquilles et intrépides, tandis que les témoins de cette effrayante action étaient saisis de crainte.

Elle cessa bientôt, lorsqu'à l'approche de l'ennemi on vit jaillir des flancs de la *Bellone* et de ses compagnes des torrents de feu.

La *Minerve* rivalise de valeur et de dévouement avec la *Bellone*. MM. Fougeray et Roussin, lieutenants en pied des deux frégates, déploient le courage calme et déterminé dont ils ont déjà donné tant de preuves.

A onze heures le feu des Anglais avait cessé ; nos braves interrompirent aussi le leur ; mais à peine une demi-heure s'était écoulée que chacun avait repris son poste, et qu'une grêle de boulets et de mitraille recommençait à frapper l'ennemi, dont le lugubre silence annonça bientôt la défaite.

Le 24, à cinq heures, l'aide-de-camp du capitaine-général, M. Delhor, vint donner avis à bord de nos frégates qu'un des prisonniers français de l'île de la Passe, détenu sur la *Néréide*, s'échappant à travers le feu terrible que nos bâtiments vomissaient sur cette frégate, et se dégageant du milieu des morts et des mourants dont ses ponts étaient couverts, s'était précipité à la nage pour gagner la terre ; qu'il avait annoncé au général Decaen que la *Néréide* avait entièrement cessé son feu depuis huit heures du soir ; que le capitaine Willoughby, blessé lui-même et voyant l'impossibilité d'opposer à nos frégates une plus longue résistance, avait envoyé à diverses fois des hommes pour amener le pavillon, mais que le feu des Français avait toujours enlevé ceux qui se présentaient pour exécuter cet ordre, et que les autres Anglais, saisis de terreur, s'étaient précipités en désordre dans la calle, abandonnant leur capitaine étendu sur le pont, sans secours et nageant dans son sang.

Cet avis fit suspendre le feu dirigé encore sur la *Néréide*. Au point du jour elle fut aperçue dans l'état le plus affreux.

La *Néréide* avait été dès l'après-midi amarinée par M. Roussin, qui l'avait trouvée dans un état plus horrible qu'il n'est possible de le peindre. Cent soixante morts ou blessés couvraient ses ponts. Tous les secours que réclamaient ces derniers leur furent à l'instant prodigués.

Le 25 au matin, le *Syrius* fut à son tour vivement attaqué, et bientôt ses équipages, ne pouvant supporter notre feu, l'abandonnèrent également en désordre et s'emppressèrent de l'incendier. A onze heures, ses débris enflammés, lancés dans les airs, offraient aux habitants nombreux qui garnissaient toutes les rives, le plus beau et le plus horrible des spectacles.

Réfugiés alors en foule sur la dernière de leurs frégates et sur le fort qu'ils avaient surpris, mais dont l'enlèvement leur devenait si funeste, les Anglais purent considérer toute l'horreur de leur situation et reconnaître l'impossibilité de se soustraire au dernier coup que le général s'apprêtait à leur porter. Bercés toutefois par une dernière espérance, ils se hâtèrent de se retirer de la portée de nos frégates et de se touer sous la protection du fort de l'île de la Passe.

La *Bellone* et la *Minerve*, de leur côté, se réparaient avec activité, se disposant à suivre l'*Iphigénie* et à achever leur victoire, lorsque la division du capitaine Hamelin parut le 27 août devant le Port-Impérial et ne laissa plus aux Anglais consternés la moindre possibilité de se soustraire à leur sort.

A peine sur les lieux, le capitaine Hamelin somma l'ennemi de se rendre, lui fit sentir l'impossibilité de résister un seul moment à l'attaque qu'il était prêt à diriger contre lui ; et le capitaine-général ayant, de son côté, répété la même sommation, le commodore Lambert céda à la nécessité, et s'en remit à la générosité française de son sort et de celui de ses compagnons d'infortune.

A onze heures du matin, le pavillon français flottait sur l'île de la Passe et sur l'*Iphigénie*. Le général Decaen en fit prendre possession et ordonna de transporter à terre les blessés entassés sur l'îlot, pour être traités avec les mêmes soins et les mêmes égards que les nôtres : tous les autres prisonniers furent dirigés sur le Port. On a vu pendant leur marche ce que peut l'humanité chez les Français, même en faveur de leurs plus cruels ennemis. Des rafraîchissements de toute espèce leur étaient offerts par les habitants qui bordaient les grands chemins.

Les avantages immenses qui résultent de ce fait d'armes, supérieur à tous ceux dont la marine française s'est honorée depuis longtemps, sont faciles à saisir : l'ennemi, déconcerté dans ses projets, n'a plus autour de notre île que deux frégates fuyant partout devant nos vaisseaux victorieux ; les bâtiments de transport qui lui sont envoyés de l'Inde et du Cap viennent eux-mêmes se livrer à nos croiseurs : trois sont déjà tombés en

3

nos mains; trois corvettes ou avisos armés ont éprouvé le même sort. Deux mille prisonniers sont entassés dans les depôts de la colonie, et porteront eux-mêmes au Cap, dans l'Inde et même en Angleterre, le récit de leurs désastres.

Les succès que nous venons de remporter sont un gage certain des efforts que fera l'Empereur des Français pour nous secourir. Alors nous serons en état non-seulement de continuer à nous défendre avec vigueur, mais encore de chasser l'ennemi de l'île qu'il a suprise, et de le poursuivre lui-même au milieu de ses possessions dans l'Inde, exposées toutes presque sans défense aux attaques de nos héros.

V.

Extrait du Livre des Célébrités contemporaines, *tome II.*

(1812 ET 1813.)

Le 16 décembre 1812, Roussin donna l'ordre et manœuvra, au commencement de la nuit, pour sortir du Havre. Il réussit, prit en faute les croisières du Havre et de Cherbourg, mais ne put dépasser le cap *Lézard* sans rencontrer l'ennemi; et, le 18, il fut pris par le calme plat à deux lieues de terre et entouré de neuf bâtiments. Au jour, il était à demi-portée de canon d'une frégate, avec laquelle la *Gloire* engagea le combat; mais son capitaine reconnut bientôt que des signaux appelaient d'autres bâtiments ennemis, et que ceux-ci ralliaient le théâtre du combat. La raison lui prescrivait de ne pas compromettre le salut de sa frégate, et ses instructions à ce sujet lui ordonnaient d'éviter des luttes inégales et de se conserver pour harceler l'ennemi, l'éloigner de ses stations et protéger les convois français. Il se déroba habilement à cette situation délicate, et s'éleva en mer pour accomplir sa mission. Il fit toutes voiles, et, malgré la tempête et la faiblesse d'un équipage que le mal de mer livrait à la démoralisation, il se trouva, après plusieurs jours d'une navigation laborieuse, à l'entrée d'un port anglais, en présence de trois bâtiments de guerre ennemis, qu'il n'hésita pas à combattre. Le service de l'artillerie fut fait, dans cette circonstance, par les officiers et quelques chefs de pièces à bord de la *Gloire*; le reste des hommes était sur les cadres. Nonobstant cette annihilation des forces de la frégate, elle tint vigoureusement et fit beaucoup de mal à l'ennemi, qui se couvrait de signaux et appelait ainsi d'autres bâtiments à son secours. En effet, leur nombre augmenta sensiblement, et la *Gloire* se trouva bientôt au milieu de trois frégates anglaises qui escortaient un convoi et qui lui appuyèrent une chasse acharnée. Le capitaine Roussin parvint, par l'habileté et la hardiesse de sa manœuvre, à leur échapper, et s'établit en croisière à Fireway, station qui commandait les mouvements des bâtiments qui entrent dans la Manche ou qui en sortent. Il eut de sérieux engagements avec l'ennemi dans cette situation désavantageuse pour lui, et fit cinq prises, dont une corvette, le *Spy*, qu'il expédia en cartel d'échange pour Porstmouth, après l'avoir désarmée.

De ces parages il se porta devant l'embouchure du Tage, afin de couper les communications entre l'Angleterre et le Portugal. Deux frégates anglaises lui donnèrent la chasse, et sa situation, en présence de cette force supérieure, devint d'autant plus critique, qu'il fit de très-graves avaries dans ce moment. Le salut de la frégate était en péril, et, pour peu que l'ennemi l'eût serré de près, la défaite devenait certaine. Il se répara cependant au milieu de tous ces dangers, et parvint encore à se soustraire à cette situation désespérée.

Délivré de toutes craintes, il reprit le large et porta sa croisière devant Madère et les Canaries : de nouvelles fatigues l'y attendaient. Il n'eut pas un moment de repos, et le résultat de cette surveillance de tous les instants fut la prise d'un grand nombre de bâtiments de commerce ennemis. Ces incessantes et actives croisières ne faisaient qu'enflammer son courage; il quitta les Canaries pour se rendre au vent de la Barbade, point de jonction et d'attérage de tous les bâtiments anglais se rendant dans les Antilles. Il fut forcé de quitter ce point important, pressé par la situation des vivres du bord qui touchaient à leur fin, et aussi par l'état de délabrement de sa mâture; il reprit donc la route de la France, et reçut un violent coup de vent de sud-ouest sur la sonde. Il y rencontra un brick de guerre anglais qu'il héla et qu'il atteignit après maintes tentatives de la part de ce bâtiment pour se dérober à l'attaque. Il fut cependant pris, malgré la violence du vent qui favorisait les manœuvres du brick, et amariné à vue d'une frégate de sa nation qui était à la cape à quelques milles sous le vent. Le capitaine de la *Gloire* recueillit ses prisonniers et expédia sa prise pour Brest; puis, à la fin du jour, il laissa arriver sur la frégate ennemie, qu'il rallia à dix heures du soir. C'était l'*Andromaque*; malheureusement la tempête redoubla de force et sépara les deux frégates. La *Gloire* eut son grand hunier emporté, et ne put, malgré les efforts de son capitaine, rejoindre l'*Andromaque*. Enfin, épuisé de fatigue, manquant de tout, le capitaine Roussin se trouva, le 13 février, en vue de l'entrée de Brest.

VI.

Rapport du capitaine de la frégate la Gloire, *après son expédition.*

A bord de la frégate de S. M., la *Gloire*, en
rade de Brest, le 28 février 1843.

MONSEIGNEUR,

J'ai l'honneur d'annoncer à V. Exc. l'arrivée en rade de Brest de la frégate de S. M., la *Gloire,* sous mon commandement, partie du Havre le 16 décembre.

J'avais appareillé avec un bon frais du sud-est qui me conduisit jusqu'à la hauteur du cap Lézard, où je me trouvai en calme plat dans la nuit du 17 au 18.

Le jour n'était pas encore bien fait que je me vis au milieu de neuf bâtiments. J'en distinguai plusieurs pour des bâtiments de commerce; mais un grand de trois mâts, en me faisant des signaux, se fit reconnaître pour bâtiment de guerre. Une forte brise l'amena jusqu'à demi-portée de canon dans ma poupe, où il commença à me combattre. Je ne gouvernais pas d'abord, et je ne pouvais lui répondre qu'avec mes pièces ●e retraite; mais un peu de fraîcheur m'étant venue, je parvins à lui présenter le travers, et à mettre ainsi l'avantage de mon côté. Le jour s'étant fait, je vis que le bâtiment que je combattais n'était qu'une grande corvette à batterie couverte de trente caronades, qui, lorsqu'elle m'eut reconnu, se hâta de tenir le vent tribord et de profiter du peu de brise qu'elle avait au vent à moi pour se tirer du feu.

Le calme m'empêcha encore de la serrer comme je le désirais ; je ne pus que la canonner de trop loin pour obtenir un résultat décisif, et elle parvint à s'éloigner jusque vers dix heures, où elle se dirigea de nouveau sur moi, accompagnée de trois bricks de 14 et 16 canons et d'un cutter qui l'avaient successivement ralliée.

Cette escadrille me suivit ainsi jusque par 12° de longitude, faisant jour et nuit des signaux de toute espèce, probablement pour attirer sur moi tout ce qu'il y avait de bâtiments de guerre anglais aux environs. Dans la nuit du 18, les chasseurs furent assez favorisés par les brises pour m'atteindre presque tous à la fois. A dix heures du soir, ils commencèrent à tirer, et leurs boulets me doublaient. Je leur répondis par mes pièces de retraite, et ces bâtiments réunis me harcelèrent ainsi jusqu'à trois heures du matin, qu'une fraîcheur plus égale s'étant fait sentir, nous nous quittâmes pour ne plus être à portée les uns des autres. Dans ces différentes canonnades, je n'ai pas perdu un seul homme. L'ennemi a été plus maltraité, j'ai su que le plus fort de ses bâtiments, qui se trouve être l'*Albicore*, a rapporté avoir perdu son premier lieutenant et huit hommes tués et blessés. Les autres corvettes étaient l'*Hélicon*, le *Borer*, l'*Andrail*, et un cutter dont j'ignore le nom et les pertes.

Le 20 décembre, je m'emparai de la corvette à trois mâts *the Spy*, armée de 16 canons et venant d'Alifax. Elle transportait en Angleterre un assez grand nombre d'officiers et 90 matelots ou soldats, parmi lesquels étaient plusieurs malades. Je fis jeter à la mer son artillerie, et je passai un cartel signé du capitaine et de tous les officiers pour l'échange et le renvoi en France d'un pareil nombre de sujets de S. M.

Le 23 au matin, je pris le trois-mâts anglais *the Minerva*, de 450 tonneaux ; il venait de Surinam, et avait un chargement de café, sucre, coton, estimé à 600,000 fr. Les vents alors de la partie du nord-est ne me permettant pas de tenter l'expédition de cette prise, je la coulai.

Pendant que je l'amarinais, un très-beau trois-mâts qui était au vent laissa arriver sur moi sous ses huniers. Je fus à sa rencontre, et à midi j'étais à bord. J'envoyai l'enseigne de vaisseau Branville en prendre possession ; c'était le *Powathan*, pris sur les Américains à sa sortie de Bordeaux par la frégate anglaise l'*Horatio*. Je saisis cette circonstance pour donner aux Américains une preuve des procédés que V. Exc. m'avait recommandés à leur égard. Je renonçai aux droits que la guerre nous donnait sur le *Powathan*, j'en ôtai l'équipage anglais, et je rendis le navire à son premier capitaine.

Depuis mon départ du Havre, j'avais eu des temps constamment froids et pluvieux qui fatiguaient beaucoup mon équipage ; et le 26, je me déterminai à me porter dans une latitude plus tempérée, et je me dirigeai sur les côtes d'Espagne et de Portugal. J'espérais y trouver l'occasion d'intercepter plusieurs bâtiments qui portaient aux ennemis des munitions et des vivres, et je fis route sur les îles Barlingues, pour observer Lisbonne.

J'y arrivai dans la nuit du 28 ; mais à peine y étais-je établi en croisière, que les clés de mes mâts de hune cassèrent. Ces avaries majeures ne me permettaient plus de rester sur une côte où je devais supposer des croiseurs ennemis en force, et je fus obligé de prendre le large pour m'en éloigner avant le jour. Je n'avais pas fait encore vingt lieues, et mes mâts de hune n'étaient pas encore consolidés, que j'eus connaissance de deux bâtiments à trois mâts au vent ; ils laissèrent arriver aussitôt sur moi, et, les ayant reconnus pour deux bâtiments de guerre, je pris chasse devant eux.

Ma position était extrêmement embarrassante ; le temps se mit à grains de la plus grande violence, et mes mâts de hune ne me donnaient plus aucune sécurité. Ce ne fut qu'à dix heures, qu'à force de travail nous parvînmes à les établir assez solidement pour résister à un temps aussi forcé. Je pus alors porter le grand hunier avec trois ris largues, le petit hunier à deux ris et les basses voiles ; la frégate se comporta fort bien ; constamment le plat-bord à l'eau, elle fila plusieurs fois douze nœuds et demi, et à midi nous avions déjà sensiblement gagné l'ennemi, dont un des bâtiments nous avait beaucoup approché dans la matinée.

Le soir, nous nous séparâmes ; cette chasse nous avait dirigés sur les Açores, et je me décidai à me placer entre elle et Madère, pour intercepter les bâtiments qui prendraient ce passage. Mon attente ne fut pas trompée : j'y fis neuf prises, dont six chargées de denrées coloniales et marchandises sèches, et trois de farine destinée pour l'armée anglaise de Portugal.

Le 17 janvier, je résolus de changer de croisière ; je renvoyai à Madère un paquebot portugais des Açores que j'avais pris la veille, et je le chargeai de 58 portugais et espagnols, que je rendis ainsi à leurs familles.

Je me dirigeai sur la Barbade, au vent de laquelle je m'arrêtai à trente lieues, le 1er février. Je n'y vis pas un seul bâtiment ; et les huit jours que j'y demeurai se passèrent totalement en exercices de toute espèce, dans lesquels l'équipage la *Gloire* fit chaque jour de nouveaux progrès.

Le 8 février, je fis route pour revenir en France.

Parvenu au 39° de latitude et au 35° de longitude, les mauvais temps commencèrent. Je voulus voir Corvo ; le temps forcé m'en empêcha.

Depuis le 17 février jusqu'au 27, jour de mon entrée à Brest, le temps a été une tempête presque continuelle. Dans la nuit du 19 au 20 surtout, et dans la journée du 22, le vent et la mer devinrent affreux. Le 24, le vent parut mollir un peu ; mais le 25 au matin, la tempête recommença et devint bientôt furieuse. A une heure après midi, j'eus connaissance d'un bâtiment devant moi ; je me portai dessus sous la misaine et le grand hunier au bas ris, et je le reconnus bientôt pour une corvette anglaise. Elle me fit des signaux, et quand elle nous eut jugés, elle augmenta de voiles pour s'échapper ; j'en fis autant qu'elle pour la poursuivre, mais ma position était bien moins critique que la sienne. Je puis dire, sans aucune exagération, que cette corvette était plus souvent sous l'eau que dessus. A deux heures et demie je l'atteignis ; son capitaine manœuvra parfaitement ; il sentit combien de nombreux mouvements pouvaient compromettre la mâture d'une frégate surchargée de voiles avec un pareil temps ;

et, virant plusieurs fois de bord lof pour lof, il me força à l'imiter pour le suivre, et rendit ainsi nul l'avantage de marche que j'avais sur lui ; car mes mouvements, beaucoup plus lents que les siens, en raison de nos longueurs respectives, lui donnaient à chaque virement de bord une avance qu'il fallait lui regagner à chaque fois. Je ne pouvais lui envoyer que de temps en temps quelques coups de caronade des gaillards, et encore la mer était-elle si grosse que tous les coups étaient extrêmement incertains. Enfin, à trois heures et demie, ayant atteint presque son travers sous le vent, il tenta pour la dernière fois la manœuvre qu'il avait déjà faite, et laissa arriver subitement sur mon avant ; mais nous étions alors si près l'un de l'autre, qu'il faillit tomber sous mon beaupré, et que si je ne fusse pas venu au vent je lui passais sur le corps. Alors il se trouva sous le vent à moi, et, saisissant entre deux lames un moment d'embellie, je pus ouvrir ma batterie et lui tirer deux volées qui m'en rendirent maître.

J'appris que la prise était la corvette anglaise *the Linnot*, armée de seize caronades de 18, deux canons de 6, et de 85 hommes d'équipage. La nuit se fit, et nous restâmes à la cape à portée l'un de l'autre.

Je ne parvins qu'avec une peine extrême à l'amariner, à cause de la grosseur effroyable de la mer, et j'y perdis toutes mes embarcations.

Le temps devenant toujours plus mauvais, et le baromètre ne m'annonçant point d'embellie, je me déterminai à arriver pour gagner la rade de Brest, où j'ai mouillé hier 27, à quatre heures et demie du soir, après soixante-douze jours de mer.

La corvette *the Linnot* y a mouillé peu de temps après moi. Je crois que ce bâtiment conviendra au service de S. M. pour les escortes.

Tel est, Monseigneur, le résultat de cette croisière, dans laquelle j'évalue le tort fait aux ennemis de S. M. à quatre millions et demi.

J'ai fait 290 prisonniers, dont 232 Anglais, le reste Portugais et Espagnols.

La frégate la *Gloire*, après avoir essuyé tant de mauvais temps, n'a éprouvé aucune avarie majeure ; sa marche et toutes ses qualités sont telles que je ne crois pas qu'il y ait jamais eu un meilleur bâtiment de guerre.

Je ne puis trop me louer de mon équipage; les vieux et nouveaux marins rivalisent d'ardeur; mes conscrits ont fait des progrès étonnants, et m'ont donné toute satisfaction.

On ne peut être mieux secondé que je le suis par les officiers de la *Gloire*, et je ne terminerai pas, Monseigneur, sans appeler votre attention sur eux, et particulièrement sur les services de M. Fournier, mon premier lieutenant, dont l'expérience et le talent m'ont été particulièrement utiles dans toutes les occasions.

Le capitaine de frégate,

Signé : ROUSSIN.

VII.

Expédition scientifique sur les côtes d'Afrique.

MINISTÈRE DE LA MARINE.

(1817.)

La corvette la *Bayadère,* montée par M. Roussin, capitaine de vaisseau, ayant sous ses ordres l'aviso le *Lévrier,* commandé par M. Le Goarani, enseigne de vaisseau, partis de Rochefort le 29 janvier 1817, et revenus en ce port le 17 août, avaient été chargés, d'après les ordres du roi, de procéder à la reconnaissance hydrographique des côtes d'Afrique; M. Givry, ingénieur hydrographique, accompagnait M. Roussin.

Après avoir réglé ses montres marines à Sainte-Croix-de-Ténériffe, M. Roussin se livra à la recherche du plateau de Sondet et du danger que Van Keulen place à quarante lieues dans le sud des Canaries et à peu près à la même distance de la côte d'Afrique; et il a reconnu que ce plateau et ce danger, s'ils existent, doivent être portés plus à l'est que les cartes ne l'avaient marqué jusqu'ici.

Cet officier se rendit ensuite vers les hauteurs de Cintra, sur le parallèle de 23° 22' 55" de latitude nord; il descendit la côte dans le sud, se tenant à une distance souvent moindre qu'un mille, et visita l'Angra-de-Cintra.

Peu de jours après, M. Roussin, se trouvant dans un golfe assez vaste formé par un coude de la côte, s'appliqua à vérifier l'existence d'une rivière et d'une baie que les cartes connues jusqu'à ce moment désignaient sous le nom de Saint-Cyprien; mais ses recherches furent vaines : le rivage n'offrait aucune interruption; cette limite du désert est une dune continue, et nulle végétation ne s'y fait apercevoir.

La côte comprise depuis le cap Barbas jusqu'au cap Blanc fut ensuite reconnue; la position de l'île de Pedra de Gale fut fixée; il en fut de même d'une seconde île située à environ une lieue dans le sud un quart sud-ouest de la première, et que jusqu'ici les cartes n'avaient pas indiquées. M. Roussin, après des recherches réitérées pour découvrir l'île Lobos, portée sur des cartes anglaises, s'est convaincu que cette île n'existait pas. Enfin, cet officier a exploré le banc d'Arguin; il en a reconnu les Açores occidentales, depuis son extrémité nord jusqu'à celle du sud; des sondes multipliées, des routes faites dans tous les sens ont éclairé les approches de ce banc à une distance de plus de dix lieues au large.

La campagne de M. Roussin s'est terminée par la reconnaissance de la côte depuis le cap Mirik jusqu'au parallèle de la rivière de la Salum; il a fixé la position de la baie de Tanis, des néoles d'Angel, de l'île Saint-Louis, de la barre du Sénégal, et il a rapporté huit cartes qui contiennent les 220 lieues de côtes parcourues par la *Bayadère* et le *Lévrier*; il a en outre dressé les plans de la rade de Sainte-Croix-de-Ténériffe, du mouillage et des environs de Gorée, de la côte entre Gorée et la baie d'Yof, du passage à terre des îles Madeleine, la position du cap Vert et des Almadies.

Un second voyage va être entrepris par les mêmes officiers et les mêmes bâtiments, et il promet des résultats aussi intéressants. Conformément aux intentions de S. M., M. Roussin continuera ses reconnaissances hydrographiques à partir du point où il les a interrompues; elles comprendront l'archipel des Bissagots, celui des îles de Loss, les dangers compris entre ces deux groupes et le banc Sainte-Anne jusqu'à l'île de Shahro. Il complétera d'abord la lacune qui existe entre le cap Bojador et les hauteurs de Cintra; de cette manière, le travail ordonné par le roi se liera avec celui exécuté en 1776 par le chevalier de Borda.

(Voir *La Quotidienne*, lundi 13 octobre 1817.)

VIII.

Témoignages de satisfaction transmis par ordre du Roi au sujet des deux campagnes de 1817 et 1818 sur les côtes d'Afrique.

MONSIEUR,

Après avoir lu avec le plus vif intérêt le rapport dans lequel vous avez exposé les détails des diverses opérations exécutées cette année le long des côtes d'Afrique par les deux bâtiments sous vos ordres, je me suis empressé de mettre sous les yeux du roi les titres que des services aussi distingués vous donnent à sa bienveillance.

J'ai rendu compte à Sa Majesté des résultats des deux campagnes successives dans lesquelles vous avez continué jusqu'aux îles de Loss, au sud des établissements français de Saint-Louis et de Gorée, les reconnaissances entreprises par le chevalier de Borda en 1776, mais que ce savant navigateur n'avait pas prolongées au-delà du cap Bojador. J'ai particulièrement insisté sur les difficultés que présentait l'exploration de l'archipel des Bissagots, au milieu duquel vous vous êtes porté avec vos bâtiments et dont vous avez reconnu et sondé avec le plus grand soin les divers passages partout où il vous a été possible de pénétrer.

L'intrépidité avec laquelle vous avez affronté les dangers d'une pareille expédition, la prudence dont vous avez fait preuve en y échappant, et l'infatigable activité qui vous a conduit aux heureux résultats que vous avez obtenus, ont paru au roi dignes des plus grands éloges, et S. M. m'a chargé de vous en exprimer sa satisfaction en même temps que son regret de ne pouvoir accéder à la demande que je lui avais faite pour vous du titre d'officier de l'ordre royal de la Légion-d'Honneur, par la seule raison qu'il n'y a maintenant dans ce grade aucune place vacante à laquelle il soit possible de nommer.

Les bons témoignages que vous m'avez rendus des services des divers officiers de marine et de M. Givry, ingénieur hydrographe de troisième classe, qui étaient embarqués sous vos ordres, m'ont paru mériter d'être pris en considération. Ce dernier doit principalement à votre suffrage la grâce qu'a daigné lui faire S. M. en le nommant chevalier de l'ordre royal de la Légion-d'Honneur, et j'espère avoir bientôt à vous donner avis du succès de vos demandes en faveur des autres.

J'aurais désiré, Monsieur, vous annoncer celui de la proposition que j'avais faite pour vous personnellement à S. M., mais vous devez vous trouver dédommagé par le suffrage d'un monarque juste appréciateur de vos talents, et par l'honorable regret qu'il témoigne de ne pas pouvoir vous en donner dès à présent la récompense.

Recevez, Monsieur, l'assurance de ma considération très-distinguée.

Le pair de France, ministre secrétaire d'Etat au département de la marine et des colonies,

Signé : COMTE MOLÉ.

IX.

*Note pour l'expédition de l'*Amazone*, en* 1821.

Avec l'*Amazone*, commandée par Roussin, il y avait encore, dans les ports du Chili, la *Clorinde* et la *Pomone*, la première commandée par M. de Mackau, la seconde par M. Fleuriau. L'entrée des Français en Espagne faisait craindre une guerre avec les Anglais. La position de ces frégates était donc des plus graves ; elles pouvaient être bloquées si elles restaient, ou capturées en route si elles sortaient pour rentrer en France. Roussin se prononça pour le départ, et fit son retour avec sa division par le cap Horn. Cette longue traversée fut une suite de tempêtes et d'accidents, au milieu desquels Roussin, disent des témoins, donna des preuves d'énergie et de sang-froid. « Sans lui, dit l'un d'eux, nous étions perdus. » A son retour, il fut nommé contre-amiral et membre du Conseil d'amirauté le 24 août 1824.

Dans cette campagne, le commandant de l'*Amazone* rendit de grands services au commerce. L'*Aurora,* frégate anglaise avec qui il se trouvait au Brésil, avait à son bord 1,500,000 piastres fortes, qui pouvaient être prises par Roussin au cas de guerre. Roussin, qui savait la crainte du capitaine, en fut blessé, et rassura le capitaine. Cette conduite chevaleresque fut admirée.

Il faut ajouter que dans cette campagne il rédigea des mémoires et fit des rapports sur la *délimitation du Para,* travaux qui attestent la maturité de son jugement et sa profonde instruction. Mais il fut obligé de laisser ces grands travaux pour rentrer en France en 1829, et y arriva au mois de septembre. Le 25 janvier 1830, il fut nommé membre de l'Académie des sciences, section de géographie, à l'immense majorité de quarante-neuf suffrages sur cinquante-deux.

X.

Intervention armée dans les affaires du Brésil, en 1826.

LETTRE DU MINISTRE DE LA MARINE A ROUSSIN.

Paris, le 26 novembre 1826.

« MONSIEUR LE CONTRE-AMIRAL,

« Je me suis empressé de mettre sous les yeux du roi votre correspondance, qui contient tant de preuves de l'heureuse influence que vous avez exercée sur la marche des négociations de la France avec le gouvernement brésilien. S. M. s'en est montrée complétement satisfaite, et elle a bien voulu me charger de vous le dire.

« Le roi a remarqué la manière franche et hardie dont vous avez débuté sur la rade de Rio-Janeiro, en venant mouiller devant cette ville, prêt à vous conduire en ami ou en ennemi, suivant les circonstances. Vous avez eu aussitôt après une heureuse inspiration en brusquant votre première entrevue avec l'empereur D. Pedro, et il n'est pas douteux que cette démarche n'ait aplani tous les obstacles; les marques flatteuses d'estime et de considération que ce prince s'est empressé de vous donner ensuite publiquement prouvent combien cette conjecture est fondée.

« Ainsi, Monsieur le contre-amiral, vous avez amené par votre attitude la solution d'une difficulté qui intéressait essentiellement notre commerce, et vous avez fait consacrer pour l'avenir un principe important de droit maritime, qu'à l'exemple de l'Angleterre le Brésil n'avait pas voulu reconnaître jusque-là. Il n'a point échappé au roi qu'étant à la tête de forces suffisantes pour détruire, s'il l'eût fallu, celles que la marine brésilienne aurait pu vous opposer, vous avez su résister au désir, si naturel chez les Français, de triompher les armes à la main, et que vous avez préféré parvenir au même résultat d'une manière également honorable pour le pavillon de S. M., sans sacrifier aucun des bâtiments ni des marins qu'elle avait mis à votre disposition, et sans rompre les liens d'amitié qu'il importe à la France de conserver avec la seule monarchie qui existe en Amérique. »

XI.

Rapport du Ministre de la Marine sur Roussin, en 1840.

Paris, février 1840.

« Sire,

« Votre Majesté ayant exprimé l'intention de nommer à la place d'amiral, vacante par le décès de M. le comte Truguet, j'ai l'honneur de lui présenter, pour être élevé à cette dignité, M. le vice-amiral baron Roussin.

« Cet officier général, aujourd'hui âgé de 58 ans, a commencé sa carrière militaire en 1793, c'est-à-dire il y a 47 ans.

« Nommé enseigne de vaisseau en 1803, il a obtenu le grade

de lieutenant en 1808, à la suite des combats auxquels il a pris part pendant diverses croisières dans les mers de l'Inde et de la Chine; il avait acquis dans ces mers une haute réputation de bravoure et de capacité, et j'ai été en position moi-même d'apprécier les brillants services qu'il a rendus, sous mes ordres, au combat du Grand-Port, à l'Ile-de-France, et dont il a été récompensé par le grade de capitaine de frégate.

« Rentré en France, M. Roussin a commandé la frégate la *Gloire,* armée au Havre. Il a fait avec ce bâtiment une croisière dans laquelle il a eu deux engagements avec l'ennemi et fait treize prises, dont deux corvettes anglaises; cette croisière lui a valu le grade de capitaine de vaisseau en 1814.

« Depuis la paix, M. Roussin a fait deux campagnes scientifiques, tant sur la côte d'Afrique que sur celle du Brésil; le résultat de ses travaux a eu l'approbation des marins et des savants, et lui a ouvert les portes de l'Académie des sciences et du Bureau des longitudes.

« Il a été nommé contre-amiral en 1822, lorsqu'il commandait la station du Brésil et de la mer du Sud.

« Chargé, en 1828, d'une mission politique au Brésil, il a su, par l'énergie de sa conduite, protéger les intérêts du commerce français et faire respecter en même temps l'honneur du pavillon.

« Enfin, commandant en chef, en 1831, une expédition dirigée contre Lisbonne, M. Roussin a forcé l'entrée du Tage, et a obtenu la réparation des injures faites à la France par le gouvernement portugais alors existant. Ce beau fait d'armes, justement apprécié par la France et l'étranger, lui a valu le grade de vice-amiral.

« Peu de temps après son retour de Brest, où il avait repris les fonctions de préfet maritime, cet officier général a été nommé ambassadeur de France à Constantinople, poste qu'il a occupé pendant près de sept années, et dans lequel il n'a pu rester étranger aux mouvements des forces navales stationnées dans le Levant.

« Votre Majesté pensera sans doute qu'une carrière aussi longue et aussi honorable, marquée par des faits d'armes glorieux et illustrée par de hautes fonctions, justifie la proposition que j'ai l'honneur de lui soumettre en faveur de M. Roussin, et je puis lui donner l'assurance que le corps entier de la marine applaudira à l'élévation de cet officier général.

« Si Votre Majesté veut bien approuver ma proposition, je la prie de revêtir de sa signature le projet d'ordonnance ci-joint.

« *Signé* : DUPERRÉ. »

NOTA. — La signature royale a été ajournée par la retraite du cabinet du 12 mai, et n'a été donnée que le 29 octobre 1840. Aux titres énoncés dans ce rapport, le ministre qui l'a présenté a donc pu ajouter ceux que le vice-amiral Roussin avait acquis encore pendant son ministère.

DIJON, PRESSES MÉCANIQUES DE LOIREAU-FEUCHOT,

place Saint-Jean, 1 et 3.

www.ingramcontent.com/pod-product-compliance
Lightning Source LLC
LaVergne TN
LVHW022040080426
835513LV00009B/1164